AF586798

Suitte des Residences Memorables

D'EUGENE FRANCOIS

Duc de Savoye et de Piemont &c.

Huitiéme Partie,

Contenant le petit Jardin de S. A. S.me situé à coté du grand,
garni de Berceaux, Cabinets, et d'une Voliere,
Opposée à la grande Orangerie, qui se trouve à la fin de cette partie
Le tout levé et dessigne par le Sieur Salomon Kleiner. &c.
Et se trouve à Augsbourg chez les Heritiers de Jeremie Wolff
MDCCXXXVII.
Avec Privilege de Sa Maj. Imperiale et Catholique.

Wunderwürdiges Kriegs- und Siegs-Lager

EUGENII FRANCISCI

Hertzogen zu Savoyen und Piemont &c.

Achter Theil.

In welchem die Prospecte von dem kleinen Neben-Garten Sr. Durchl. vor der Stadt Wienn
vorgestellet werden,
und nach denen Rißen Herrn Girards, &c. von Herrn Antoni Zinner, &c. angeleget worden,
und daselbst nach dem Leben gezeichnet durch Herrn Salomon Kleiner, &c.
Augspurg in Verlegung Ieremias Wolffs seel. Erben.
MDCCXXXVII.
Cum Gratiâ et Privilegio Sacræ Cæs. Maj.

Salomon Kleiner Ing. Elect. Mag. del. — Iacob Gottlieb Thelott Sculps. — 1

Veue entiere du petit Jardin par l'Orangerie; avec une partie du Bâtiment qui setrouve au bas du grand Jardin.

Prospect des kleinen Gartens und unteren Gebäudes nach der Seiten von dem Pommeranzen Haus anzusehen.

Cum Pr. Sac. Caes. Maj.

Haered. Ierem. Wolffij excudit Aug. Vind.

Veüe de ce petit Jardin et Terrasse, la quelle fait le Niveau du grand, et qui est garnie de degres et Balustres, et sur la quelle on trouve les Cabinets, Berceaux, et Voliere.

Prospect deren erhobenen Parterren zwischen denen Lust-Häusern von Lattenwerck.

S. Kleiner Ing. Elect. Mog. del. Cum Pr. Sac. Cæs. Maj. Hæred. Ierem. Wolff. excud. Aug. Vind. Iohann Iacob Grasmann, Sculpsit.

VIII.

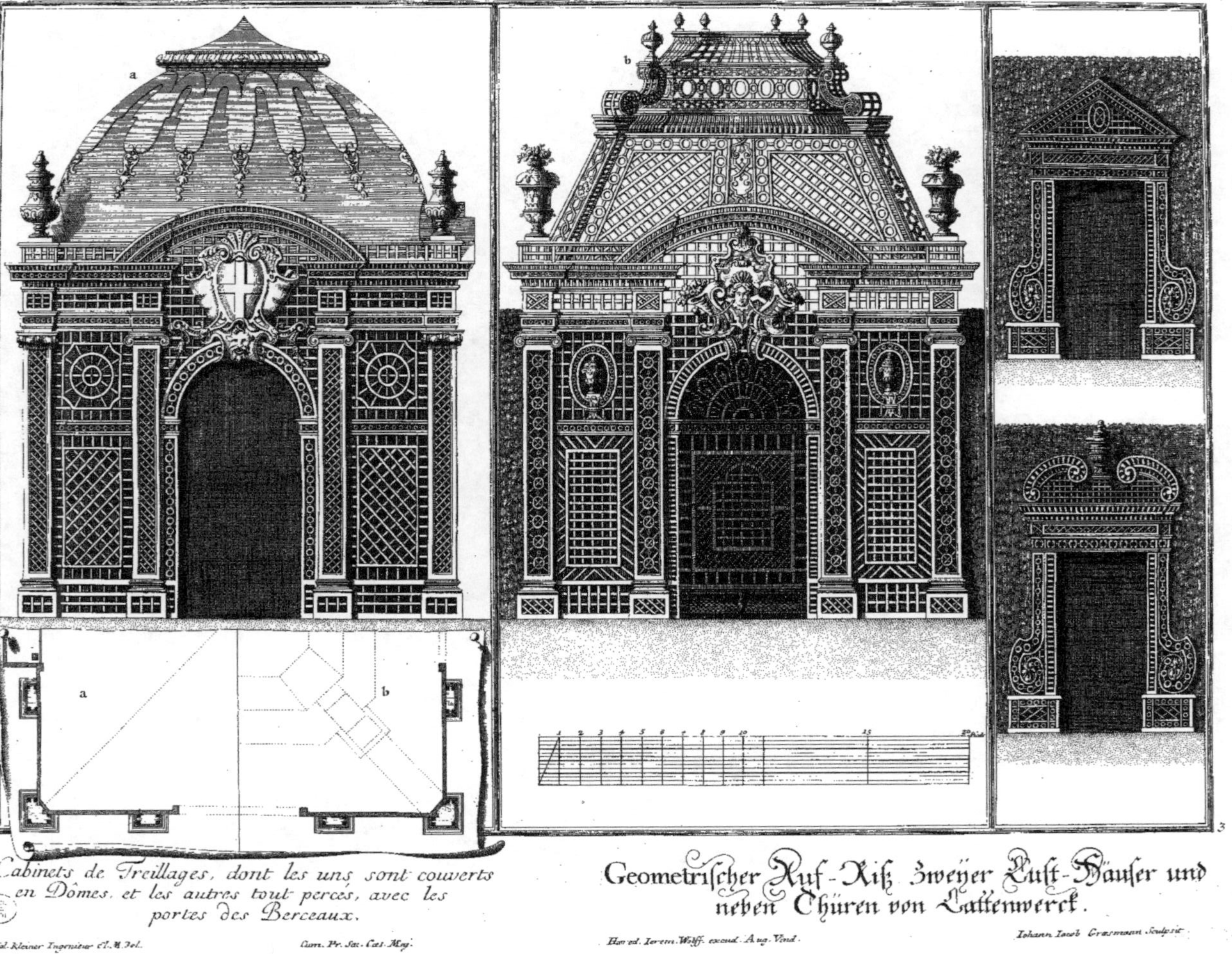

Cabinets de Treillages, dont les uns sont couverts en Dômes, et les autres tout percés, avec les portes des Berceaux.

Geometrischer Auf-Riß zweyer Lust-Häuser und neben Thüren von Lattenwerck.

Sal. Kleiner Ingenieur cl. M. del. Cum. Pr. Sac. Cæs. Maj. Haered. Jerem. Wolff. excud. Aug. Vind. Johann Jacob Grasmann Sculpsit.

VIII.

4

Coupe du Berceau du milieu accompagnant les deux premiers.

Inneres Ansehen des mittlern und vordern Lust-Hauses von Lattenwerck.

S. Kleiner Ing. C. Mog. del. — Cum Privil. Sac. Caes. Maj. — Haered. Jeram. Wolff excud. Aug. Vind. — Ioh. Iacob Grasmann Sculps.

Boulingrin entouré de Tillevils, par le quel on va a la Voliere.

Boulingrin mit Linden-Bäumen versezt.

Salomon Kleiner Ing. C. M. del. Cum Pr. Sacr. Caes. Maj. Haered. Ierem. Wolff. excud. Aug. Vind. Johann August Corvinus sculpsit.

Jul. Kleiner Ing. El. Mog. del. Cum. Pr. Sac. Cæs. Maj. Hæred. Ier. Wolff. excud. Aug. Vind. Matth. Werlin Sculpsit.

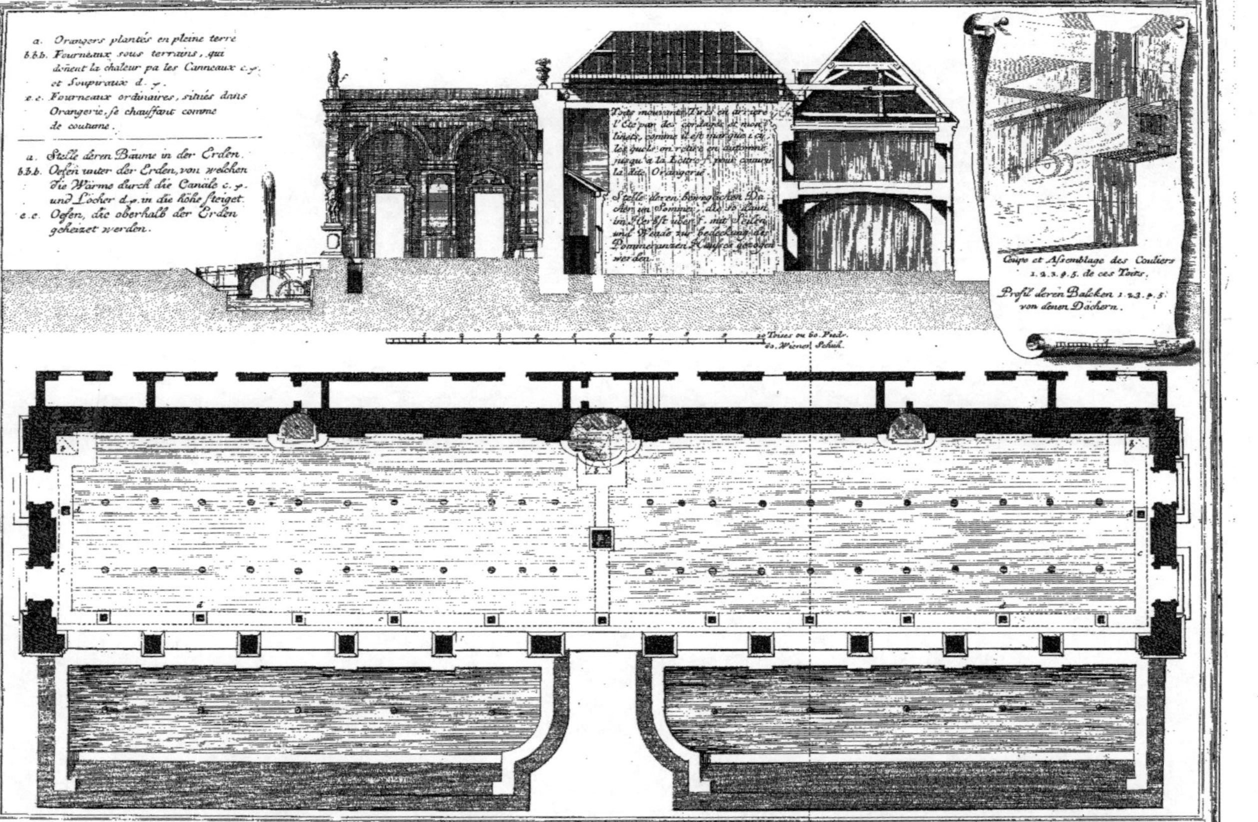

Plan et Coupe de la grande Orangerie, qui est au bout de ce petit Jardin, avec les deux pieces d' Eau, qui sont sur le devant.

Grund-Riß und Durchschnitt des Pomeranzen Hauses nebst vordern Wassergrabens.

Gem. Pr. Sac. Caes. Maj.

Haered. Jerem. Wolff excud. Aug. Vind.

Johann August Corvinus Sculpsit.

[É]levation de toute l'Orangerie, avec les Figures, qui se presentent sur le devant de la dite.

Das Pommeranzen Hauß wie solches im Sommer anzusehen ist.

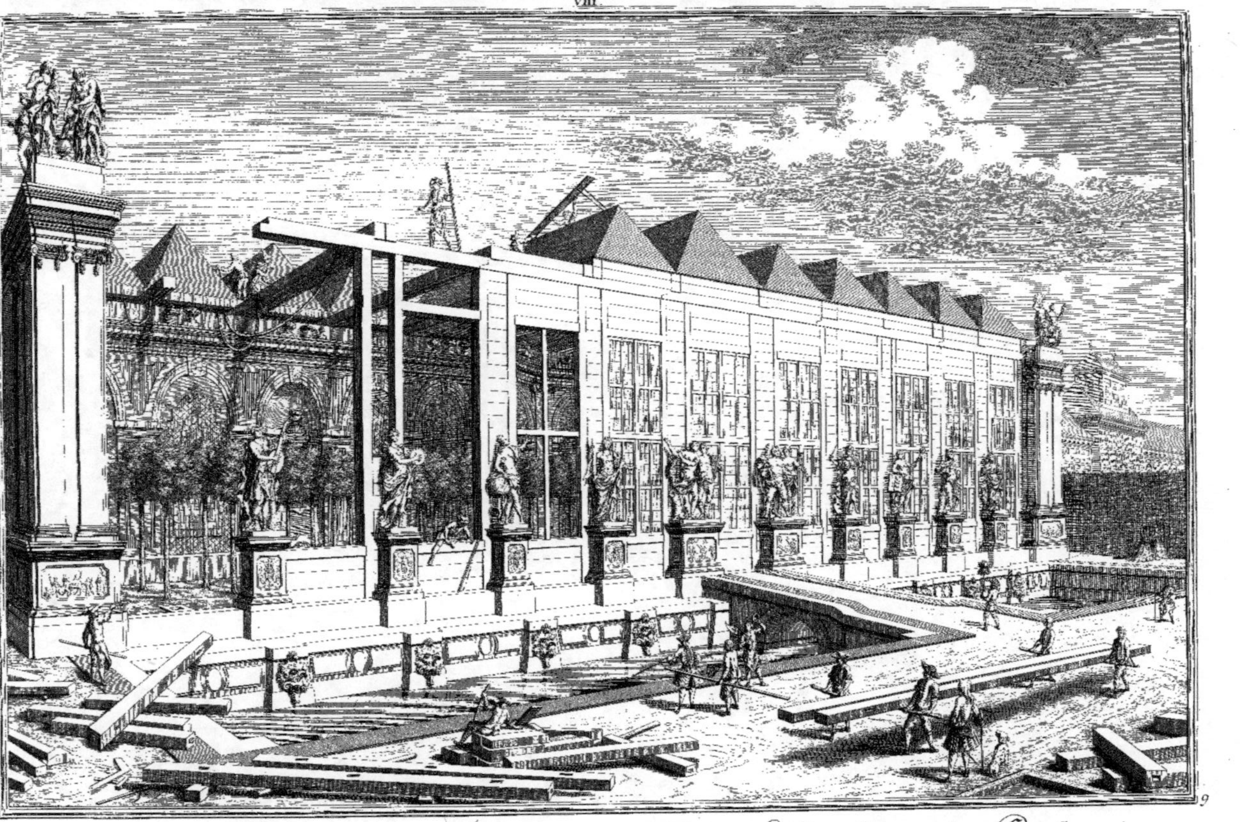

9

Representation du Maniment de ces Toits, tans pour les tirer et poser en Automne, que pour les retirer au printemps.

Prospect des obigen Pomeranzen Hauses, wie es im Herbst zugedecket und im Frühling wiederum abgedecket wird.

S. Kleiner I. E. M. del. · Cum Pr. Sac. Caes. Maj. · Haered. Ierem. Wolff. excud. Aug. Vind. · Iacob Gottlieb Thelott Sculpsit.

www.ingramcontent.com/pod-product-compliance
Lightning Source LLC
LaVergne TN
LVHW052037160826
845678LV00003B/1407

* 9 7 8 2 3 2 9 6 1 9 1 2 5 *